# Inhalt

**Leasingbilanzierung - Grundlegende Neuausrichtung in der Zukunft**

Kernthesen

Beitrag

Fallbeispiele

Weiterführende Literatur

Impressum

# Leasingbilanzierung - Grundlegende Neuausrichtung in der Zukunft

*A. Kaindl*

## Kernthesen

- Die Leasingbilanzierung nach IFRS wurde in der Vergangenheit oft kritisiert.
- Leasingverhältnisse konnten so gestaltet werden, dass diese nicht in der Bilanz des Leasingnehmers abgebildet werden mussten.
- Zukünftig müssen alle Leasingverträge, unabhängig von ihrer Ausgestaltung, in der Bilanz erfasst werden.
- Die neuen Bilanzierungsvorschriften lösen bisherige Probleme, werfen aber gleichzeitig

neue auf.

# Beitrag

# Eine Nicht-Bilanzierung von Leasingverträgen zukünftig nicht mehr möglich

Das International Accounting Standards Board (IASB) hat im August 2010 den Exposure Draft "Leases" (ED/2010/9) veröffentlicht. Der Entwurf schlägt eine Abkehr von der bisherigen bilanziellen Behandlung von Leasingverträgen nach dem International Accounting Standard (IAS) 17 vor. [1]

Bisher wurden Leasingverhältnisse nach dem "Risk-and-Reward-Approach" bilanziert. Nach diesem Konzept wird das Leasingobjekt vom Leasingnehmer bilanziert, wenn überwiegend Chancen und Risiken des Objekts auf diesen übertragen werden (Finance-Leasing), andernfalls erfolgt die Bilanzierung beim Leasinggeber (Operate-Leasing). Das Operate-Leasing erscheint nicht in der Bilanz des Leasingnehmers. Stattdessen werden nur die Leasingraten als Aufwand in der Gewinn- und Verlustrechnung erfasst. Es wird keine Verbindlichkeit passiviert. Auf diese Weise kann die Bilanz entlastet werden; insbesondere das Verhältnis Eigenkapital zu Fremdkapital, die wichtigste Kennzahl bei der Kreditwürdigkeitsprüfung und Risikobeurteilung, erscheint in einem vorteilhafteren Licht. (1), (2)

Dagegen sieht der in ED/2010/9 enthaltene "Right-of-Use-Approach" in einem Leasingverhältnis eine Vereinbarung über die Übertragung von Nutzungsrechten und verlangt die Aktivierung der erworbenen Rechte durch den Leasingnehmer. (4)

Der Hauptgrund für die Überarbeitung des bisherigen Standards war die bilanzielle Abbildung des in der Praxis häufig angestrebten Operate-Leasing, welches in der Bilanz des Leasingnehmers nicht gezeigt werden musste und nur aus dem Anhang ersichtlich war. Mit dem Entwurf wurde vorrangig das Ziel verfolgt, zukünftig alle Arten von Leasingverträgen bilanzwirksam zu erfassen. (2), (4)

Die vorgeschlagenen Regelungen haben massive Auswirkungen auf die Bilanz sowie die Gewinn- und Verlustrechnung, aber auch auf wichtige Kennzahlen (z.B. den Verschuldungsgrad oder Liquiditäts- und Renditekennzahlen) sowie auf Nebenvereinbarungen in Kreditverträgen (Covenants). (1)

# Zukünftige Bilanzierung beim

# Leasingnehmer

Bisher waren nach IAS 17 alle Leasingverträge bei Vertragsabschluss in Abhängigkeit von der Verteilung der Risiken und Chancen als Operating- oder Finanzierungs-Leasing zu klassifizieren. Aus dieser Einstufung folgte die Zurechnung des Leasingobjekts zum Leasinggeber oder zum Leasingnehmer. (1)

Für Finanzierungs-Leasingverhältnisse ergeben sich aus dem Entwurf im Zugangszeitpunkt nur Änderungen im Hinblick auf den zu aktivierenden Vermögenswert: An die Stelle des Leasingobjekts tritt das Nutzungsrecht an diesem Vermögenswert, das mit dem Barwert der Leasingzahlungen anzusetzen ist. (1)

Massive Änderungen sieht der Standardentwurf für die nach IAS 17 als Operating-Leasing eingestuften Verträge vor, die bislang nicht in der Bilanz des Leasingnehmers ausgewiesen wurden. Zukünftig sind unabhängig von der Verteilung der Risiken und Chancen die Verpflichtungen zur Zahlung der Leasingraten zu Beginn des Leasingverhältnisses mit ihrem Barwert zu passivieren. In gleicher Höhe ist ein Nutzungsrecht zu aktivieren. (4)

Bei der Bestimmung des Barwerts der Leasingraten sind die Dauer des Vertrags und die Höhe der zu leistenden Zahlungen zu schätzen. Unter Berücksichtigung aller expliziten und impliziten Optionen ist die Vertragslaufzeit zu ermitteln, die mit einer Wahrscheinlichkeit von über 50 Prozent erwartet wird. Als explizite Optionen gelten die vertraglich vereinbarten Bestimmungen wie Kündigungsrechte und Verlängerungsoptionen. Implizite Optionen sind nicht Gegenstand des Vertrags, sondern können sich aus Gesetzen (z.B. Änderung der Steuergesetze) ergeben. (1)

Die Verbindlichkeit ist während der Vertragslaufzeit zu fortgeführten Anschaffungskosten unter Anwendung der Effektivzinsmethode nach IAS 39 zu bewerten. Das Nutzungsrecht ist planmäßig über seine wirtschaftliche Nutzungsdauer abzuschreiben. Es kann auch mit dem Marktwert angesetzt werden, wenn sich dieser zuverlässig ermitteln lässt. (4)

## Zukünftige Bilanzierung beim Leasinggeber

Der Entwurf sieht für die Bilanzierung auf Seiten des Leasinggebers zwei Modelle vor: Verbleiben wesentliche Risiken und Chancen beim Leasinggeber, muss dieser die Methode der Leistungsverpflichtung anwenden; andernfalls kommt die Ausbuchungsmethode zur Anwendung. Die Prüfung erfolgt nur einmalig zu Beginn des Leasingverhältnisses. (1)

Nach diesem Modell ist das Leasingobjekt weiter beim Leasinggeber zu bilanzieren. Gleichzeitig bilanziert der Leasinggeber eine Forderung gegenüber dem Leasingnehmer sowie eine Nutzungsüberlassungsverpflichtung. Die Forderung auf Erhalt der Leasingzahlungen ist zu fortgeführten Anschaffungskosten mittels der Effektivzinsmethode zu bewerten. Für die korrespondierende passivierte Leasingverbindlichkeit wird eine neue Art der Folgebewertung eingeführt: Diese Leistungsverpflichtung des Leasinggebers reduziert sich in Abhängigkeit von der Nutzung des zugrunde liegenden Vermögenswerts durch den Leasingnehmer. (3), (4)

Bei der Ausbuchungsmethode erfasst der Leasinggeber zu Beginn des Leasingverhältnisses wie bei der Methode der Leistungsverpflichtung eine Forderung. Im Unterschied zur Leasingnehmer-Sicht sollen hier nur die Leasingzahlungen in die Bewertung einbezogen werden, die der Leasinggeber verlässlich ermitteln kann. Implizite und explizite Optionen bleiben unberücksichtigt.

Da wesentliche Chancen und Risiken aus dem Leasingobjekt übertragen wurden, bucht der Leasinggeber den Teil des Leasingobjekts aus, der als Nutzungsrecht an den Leasingnehmer veräußert wurde. Das Leasingobjekt als solches wird folglich von keiner der Vertragsparteien bilanziert.

Die Leasingforderung wird in der Folge zu fortgeführten Anschaffungskosten mittels der Effektivzinsmethode bewertet. Rechnet der Leasinggeber mit Ausfällen von Leasingraten, sind Wertberichtigungen vorzunehmen. Das mit seinem Restwert bilanzierte Leasingobjekt wird nicht bewertet, es sei denn, Hinweise auf außerplanmäßige Wertminderungen liegen vor.

Der Entwurf verlangt den separaten Ausweis der Leasingforderung und des Zinsertrags aus dem Leasingverhältnis. Auch das mit seinem Restwert bilanzierte Leasingobjekt ist separat innerhalb des Sachanlagevermögens auszuweisen. Das IASB schafft mit den nicht zu bewertenden Leasingobjekten, die bis zum Ende des Vertrags vom Leasingnehmer genutzt werden, eine neue Kategorie von Vermögenswerten. Deren Buchwert stellt den Wert des Eigentumsrechts und das dem Leasinggeber nach Beendigung des Leasingverhältnisses zustehende Einnahmepotenzial dar. (1)

## Wesentliche Kritikpunkte an den vorgeschlagenen Neuerungen

Mit der Bilanzierung des Nutzungsrechts und der

Verbindlichkeit beim Leasingnehmer wird die Hauptzielsetzung der neuen Bilanzierungsvorschriften, alle Operating-Leasingverträge mit ihren Ansprüchen und Verpflichtungen in der Bilanz abzubilden, erreicht. Für die Erreichung des Ziels werden indes erhebliche Nachteile in Kauf genommen: Beispielsweise dürften aus der Bilanzierung von Nutzungsrechten und Leasingverbindlichkeiten erhebliche Bilanzverlängerungen resultieren, die den Rechnungslegungsadressaten erläutert werden müssen. Gleiches gilt für den zu erwartenden Rückgang der Eigenkapitalquote. Außerdem scheint es inkonsistent, nur Nutzungsrechte aus Leasingverträgen anzusetzen, da z.B. auch mit dem Erwerb von Sachanlagen Nutzungsrechte zugehen.

Aus dem Einbezug von expliziten und impliziten Optionen in die Bewertung beim Leasingnehmer resultiert für diesen ein erheblicher Ermessensspielraum. Optionen müssen selbst dann einbezogen werden, wenn ihre Bewertung nicht zuverlässig möglich erscheint. Ob die Analyse eines nach IFRS aufgestellten Abschlusses durch eine solche entobjektivierte Bewertung erleichtert wird, ist zweifelhaft.

Die angestrebte Verbesserung der Vergleichbarkeit und Erleichterung der Analyse der Abschlüsse wird verfehlt, da für den Leasinggeber zwei

Bilanzierungsmodelle zur Anwendung kommen, die von der Vorgehensweise des Leasingnehmers abweichen. Die nach der Ausbuchungsmethode vorzunehmende Zeitwertbewertung des Leasingobjekts schafft neue bilanzpolitische Spielräume bei der Ermittlung des zu realisierenden Gewinns aus dem Verkauf des Nutzungsrechts. Bei dieser Methode führt der Abschluss eines Leasingvertrags überdies dazu, dass das Leasingobjekt als solches nicht vollständig bilanziell erfasst und bewertet wird. Es steht lediglich mit seinem Restwert nach Ablauf des Vertrags in der Bilanz. (1)

## Trends

Der finale Standard soll voraussichtlich im Juni 2011 veröffentlicht werden und den derzeit geltenden IAS 17 ersetzen. Die verpflichtende Anwendung wird nicht vor 2012 erwartet. Dennoch sollten Leasingnehmer und -geber aufgrund der Komplexität der neuen Vorschriften zeitnah mit den Umsetzungsvorbereitungen beginnen, zumal nach derzeitigem Diskussionstand eine retrospektive Anwendung geplant ist.

Die praktische Umsetzung des Right-of-use-Ansatzes wird Leasingnehmer, insbesondere wenn sie bislang vor allem Operate-Leasingverträge abgeschlossen haben, vor neue Aufgaben stellen. Jeder bestehende Leasingvertrag muss Jahr für Jahr genau analysiert werden. Dies stellt für Leasinggeber und Leasingnehmer mit großen Leasingportfolios eine große Herausforderung dar. (3)

## Fallbeispiele

Horst Fittler, Geschäftsführer des Bundesverbandes Deutscher Leasing-Unternehmen (BDL) merkt kritisch an, dass die neuen Bilanzierungsvorschriften für das Leasing erhebliche Konsequenzen auf die Bilanzstrukturen der Leasingnehmer haben und z.B. zu einem Rückgang der Eigenkapitalquote führen. Dies kann die Finanzierungsmöglichkeiten von Unternehmen allein aufgrund des geänderten Bilanzausweises stark einschränken, obwohl sich an deren Bonität nichts geändert hat. Außerdem kritisiert Fittler die Komplexität des Entwurfes, der für das Rechnungswesen einen deutlichen Mehraufwand mit sich bringt. Gleichzeitig steht diesem Mehraufwand nur ein geringer Nutzen für den Bilanzleser gegenüber. (2)

Das Beratungsunternehmen FAS berechnete, dass allein die 30 DAX-Konzerne Leasingverpflichtungen von mehr als 76 Milliarden Euro nicht in der Bilanz erfasst haben. (2)

Peter Elwin, Analyst bei J.P. Morgan, hält die Sorge, dass mit den bilanziellen Änderungen viele laufende Kreditverträge bedroht sind, für unbegründet. Zwar beinhalten die meisten Kreditverträge Klauseln, die eine vorzeitige Kündigung bei signifikanter Verschlechterung wichtiger Kennzahlen zulassen (Covenants), aber meistens basieren Covenants für die gesamte Vertragslaufzeit auf den zum Zeitpunkt des Vertragsabschlusses geltenden Rechnungslegungsvorschriften. Dies bedeutet, das Covenants auch zukünftig entsprechend der alten Leasingbilanzierungsregeln berechnet werden müssen und eine vorzeitige Kündigung ausgeschlossen ist. (2)

## Weiterführende Literatur

(1) IFRS Exposure Draft "Leases": Abschaffung des wirtschaftlichen Eigentums bei Leasingverhältnissen? aus Betriebs Berater Heft 42/2010 Seite 2555

(2) Das Ende einer Ära
aus Frankfurter Allgemeine Zeitung, 13.10.2010, Nr. 238, S. B1

(3) Neue Bilanzierungsansätze von Leasingverhältnissen unter IFRS: Unsicherheiten behoben?
aus Zeitschrift für das gesamte Kreditwesen 18 vom

15.09.2010 Seite 974

(4) Reformierung der Leasingbilanzierung Wo geht die Reise hin? (Teil 1)
aus Kapitalmarktorientierte Rechnungslegung, Heft 11 vom 2.11.2010, Seite 532

# Impressum

## Leasingbilanzierung - Grundlegende Neuausrichtung in der Zukunft

**Bibliografische Information der deutschen Nationalbibliothek**

Die Deutsche Nationalbibliothek verzeichnet diese Publikation in der deutschen Nationalbibliografie; detaillierte bibliografische Daten sind im Internet über http://dnb.d-nb.de abrufbar.

ISBN: 978-3-7379-1395-9

© 2015 GBI-Genios Deutsche Wirtschaftsdatenbank GmbH, Freischützstraße 96, 81927 München, www.genios.de

Alle Rechte vorbehalten. Dieses Werk ist einschließlich aller seiner Teile – z.B. Texte, Tabellen und Grafiken - urheberrechtlich geschützt. Jede Verwertung außerhalb der Grenzen des Urheberrechtsgesetzes bedarf der vorherigen Zustimmung des Verlags. Dies gilt insbesondere auch für auszugsweise Nachdrucke, fotomechanische

Vervielfältigungen (Fotokopie/Mikroskopie), Übersetzungen, Auswertungen durch Datenbanken oder ähnliche Einrichtungen und die Einspeicherung und Verarbeitung in elektronischen Systemen.